Eckernförde

Die Aufzugsgaube des alten Rathauses.

A dormer in the old town hall.

Chien-assis du monte-charge de l'ancien hôtel de ville.

Eckernförde

Ein Portrait – A Portrait – Un Portrait

Text und Fotos:
Werner Scharnweber

Edition Temmen

Bibliografische Information Der Deutschen Bibliothek

Die Deutsche Bibliothek verzeichnet diese Publikation in der Deutschen Nationalbibliografie; detaillierte bibliografische Daten sind im Internet über http://dnb.ddb.de abrufbar.

Übersetzung:
Hildegard und David Skevington (Englisch)
Isabelle Dumontier (Französisch)

1. Auflage 2005

Hohenlohestr. 21 – 28209 Bremen
Tel. 0421-34843-0 – Fax 0421-34 80 94
info@edition-temmen.de – www.edition-temmen.de

Gesamtherstellung: EDITION TEMMEN
ISBN 3-86108-933-5

Eckernförde

Ein Portrait

Eckernförde hat Flair

Eckernförde, das Ostseebad, ist eine Mittelstadt, das heißt: mittelgroß. Mit rund 23.000 Einwohnern klein genug, damit alles überschaubar bleibt. Und groß genug, damit provinzielle Enge keine Chance hat.

Die Lage ist einzigartig, von der Natur verwöhnt. Die Eckernförder Bucht öffnet sich weit zur offenen Ostsee. Und beschert der Stadt einen mehrere Kilometer langen, traumhaft schönen Sandstrand. Dort, wo Eckernförde am schmalsten ist, beginnt das 400 Hektar große, binnenseeartige Windebyer Noor. Vor langen Zeiten war es eine Ostseebucht. Das Meer hat mit Sandbänken und Strandwällen die Bucht von der offenen See abgetrennt. Später haben die Eckernförder etwas nachgeholfen. Ringsherum ist allerschönste Landschaft. Mit den Hüttener Bergen, der Halbinsel Schwansen, dem Dänischen Wohld.

Eckernförde hat Flair, im Sommer mit einer kräftigen Prise mediterraner Lebenslust. Die Mischung macht's. Die besteht aus malerischen Altstadtwinkeln und ansprechenden Neubaugebieten. Aus verkehrsberuhigten Straßen zum Shopping, zum Bummeln, zum Relaxen in vielen Straßencafés. Aus kerniger Hafenatmosphäre mit Fischkuttern und Segelbooten. Aus fröhlichem Strand-

A Portrait

Eckernförde has flair

The Baltic Sea resort of Eckernförde is a medium size town: neither too big nor too small. With approximately 23,000 inhabitants, it is small enough to keep track of everything that is going on, yet at the same time big enough not to be parochial or conformist. The natural beauty of its location is unique. The wide mouth of the Eckernförder Bucht opens into the Baltic Sea and gives the town access to several kilometres of superb sandy beaches. At the point where Eckernförde is at its narrowest, the over 400 hectare lake-like Windebyer Noor begins. A long time ago this was itself a bay in the Baltic Sea. It then became separated from the open sea by sand bars – a development to which the people of Eckernförde later gave a helping hand! All around is the most beautiful landscape: the Hüttener hills, the Schwansen peninsula and the Dänische Wohld.

Eckernförde has flair, with a strong dash of Mediterranean joie de vivre in the summer months. It's the mixture that makes it. Picturesque corners in the old town and attractive developments built in more recent times. Traffic-calmed streets lending themselves to shopping, strolling or simply relaxing in one of the many street cafés. The hustle and bustle of fishing and sailing boats in the harbour. The

Un portrait

Eckernförde a du charme

Eckernförde, station balnéaire au bord de la Mer Baltique est une ville moyenne, ça veut dire: de taille moyenne. Avec près de 23000 habitants, Eckernförde n'est ni trop petit ni trop grand.

Eckernförde est particulièrement gâté par la nature. La baie, qui s'ouvre largement sur la Mer Baltique, offre à la ville une merveilleuse plage de sable de plusieurs kilomètres. Là où Eckernförde est le plus étroit commence le Windebyer Noor, une mer intérieure de 400 hectares. C'était autrefois une baie ouverte sur la Mer Baltique que les bancs de sable, formant de véritables remparts, ont refermée. Un développement que le peuple d'Eckernförde a fait avancer plus tard. Tout autour de la ville, la campagne est magnifique avec les monts de Hütten, la presqu'île de Schwansen et la Wohld danois.

En été, Eckernförde a du charme, il flotte dans l'air un peu de joie de vivre méditérranéenne. Un surprenant mélange crée une atmosphère vivante. Le mélange est constitué par les quartiers pittoresques de la vieille ville et les lotissements modernes agréables; par les zones piétonnes où l'on peut se promener, faire les magasins, se détendre à la terrasse d'un des nombreux cafés; par l'atmosphère portuaire vigoureuse avec les chalutiers et les voiliers; par

leben. Aus bunten Stadtfesten und einer vielseitigen Kultur- und Künstlerszene. Aus einem Blumenmeer überall auf Verkehrsinseln, an Straßenrändern und im schönen Kurpark sowieso. Aus dem ehrwürdigen alten und dem modernen neuen Rathaus. Aus der St. Nicolai-Kirche mit ältesten Teilen aus dem 13. Jahrhundert und der Borbyer Kirche auf hoher (einstiger) Steilküstenlage. Aus langen, langen Uferpromenaden. Aus der stets frischen Luft am Meer und dem ungehinderten Blick über See. Aus freundlichen Eckernfördern. Und aus vielen, vielen Urlaubern und Tagesgästen.
Noch dieses: Eckernförde ist stets auffallend gepflegt und sauber.

Eckernförde – geschichtlich

Begonnen hat es mit Fischersiedlungen am Noor. Wann genau, ist unbekannt. Erstmals erwähnt wird »Ekerenvorde« im Jahre 1197. In einer Urkunde vom 6. Mai 1302 wird Eckernförde als Stadt, als »civitas« genannt. Folglich hat Eckernförde im Jahr 2002 den 700. Stadtgeburtstag gefeiert.
Kriegsgräuel, Naturkatastrophen, Epidemien stehen in der langen, wechselvollen Geschichte der Jahrhunderte. Aber auch gute Zeiten, wirtschaftliche und kulturelle Blüte.
Nach der verheerenden Sturmflut vom 13. November 1872 wurde enorm gebaut, die Stadt entwickelte sich rasch. Der Anschluss an das Eisenbahnnetz im Jahr 1881 – Strecke Kiel-Flensburg – wirkte sich positiv aus.

happy and cheerful beach life. Colourful town festivals and a varied cultural and artistic scene. The oceans of flowers on every traffic island, bordering the roads and, naturally, in the lovely Kurpark. The dignified old town hall and its present-day counterpart, the St. Nicolai church with parts dating back to the 13th century and the Borby church high on a (once) steep cliff. Long, long promenades by the shore, the ever-fresh sea air and the unbroken views out across the waters. And last but not least, the friendly Eckernfördians, and the many, many holiday-makers and day-trippers!
This has to be said too: Eckernförde is always strikingly well-cared for and clean.

Eckernförde – its history

It began with fishing settlements by the Noor, though precisely when is not known. “Ekerenvorde” was first mentioned in 1197. In a record dating from 6 May 1302, Eckernförde is cited as a “civitas”, a town, and thus it celebrated its 700th anniversary in 2002.
Over the centuries, in its long and chequered history, it has suffered the ravages of war, natural catastrophes and epidemics. But it has also enjoyed good times, economic and cultural heydays.
Following a disastrous storm tide on 13 November 1872 much building activity got underway and the town developed quickly. Integration into the railway network in 1881 – the line from Kiel to Flensburg – had a positive effect.
In 1934 Borby was incorporated.

les plaisirs de la plage; par les fêtes pleines de couleurs et les manifestations culturelles ou artistiques ; par un mer de fleurs partout aux refuges pour piétons, au bord des routes et évidemment dans le parc thermal; par l’ancien hôtel de ville respectable et l’actuel hôtel de ville à la mode; par l’Eglise St. Nikolai qui date en partie du XIIIème siècle et l’Eglise de Borby qui se trouve en haut de la falaise; par les grandes promenades le long de la plage; par l’air marin et la vue infinie sur la mer; par les Eckernfördiens aimables; et par les nombreux touristes et vacanciers.
Il reste encore une chose à dire: les rues d’Eckernförde sont constamment entretenues et propres.

Eckernförde et son histoire

Tout a commencé quand des pêcheurs s’installèrent au bord du Noor: Quand exactement? On l’ignore. « Eckerenvorde » fut cité pour la première fois en 1197. Dans un document du 6 mai 1302, Eckernförde est appelé ville, « civitas ». Et en 2002 fut fêté le 700ème anniversaire de la ville.
Les horreurs de la guerre, les catastrophes naturelles, les épidémies, tout comme des périodes d’apogées économiques et culturelles appartiennent à l’histoire très mouvementée d’Eckernförde.
Suite au raz de marée dévastateur du 13 novembre 1872, la ville s’agrandit. Le raccord en 1881 au réseau de chemin de fer – ligne Kiel-Flensburg – eut une influence positive sur la ville.

1934 wurde Borby eingemeindet.
Als traditioneller Garnisonsstandort hat die Stadt seit vielen Jahrzehnten gut mit den Soldaten und deren Familien gelebt. Inzwischen nach erfolgtem Truppenabbau in erheblich reduziertem Umfang.
Nach der Topographie von Johannes von Schröder zählte die Stadt im Jahr 1854 insgesamt 3930 Einwohner. Heute sind es – Stand 31.03.2004 – 23.185.

Eckernförde – wirtschaftlich

Florierender Kornhandel, lebhafter Handelshafen, große Fischereiflotte und eine Altstadt voller Fischräuchereien – es war einmal. In der Erinnerung und durch mancherlei Zeugnisse ist das alles noch immer sehr präsent. Oft mit einem sympathischen Touch romantischer Verklärung. Fischerei wird noch betrieben, mit einigen Kuttern und Booten, in ein oder zwei Betrieben wird noch geräuchert – aber es ist kein Vergleich zu den vergangenen »großen Zeiten«.
Heute wird die Wirtschaftsstruktur insbesondere bestimmt durch Klein- und Mittelbetriebe verschiedenster Art, die überwiegend in neuen, modernen Gewerbegebieten in Stadtrandlage angesiedelt sind. Wirtschaftsförderung hat die Stadt stets intensiv und erfolgreich betrieben. Das Technik- und Ökologiezentrum (TÖZ) hilft Existenzgründern beim Eintritt in den Markt.
Die Bundeswehr, lange Jahre wichtigster Wirtschaftsfaktor, auch im zivilen

Eckernförde is a long-established garrison town and soldiers and their families have resided there peacefully, side by side with the local residents, for many decades. Meanwhile, following considerable troop reduction, their presence has become less and less obvious.
According to the topographer Johannes von Schröder the town had 3930 inhabitants in 1854. As at 31.03.2004, there were 23,185.

Eckernförde – its economy

A flourishing grain trade, a lively trading port, a large fishing fleet and an old town full of fish smoke houses – that was the scene once upon a time. All this is still evidenced in the memories as well as through various records, though often with a pleasant touch of romanticism. Fishing is still carried on from a few cutters and boats and there are still one or two smoke houses, but nothing comparable to the former “big times”.
Today, economic activity is characterised mainly by small and medium-sized enterprises of various kinds, which are predominantly located in modern industrial sites around the edge of the town. Eckernförde has always supported economic development intensively and successfully. The Technik- und Ökologiezentrum (TÖZ) (Technology and Ecology Centre) assists business entrepreneurs to get established in the marketplace.
The Army, which was for many years one of the most important contributors to the economy, including the civil

En 1934, Bordy fut rattaché administrativement à Eckernförde.
En tant que ville de garnison, la ville a depuis de nombreuses décennies bien cohabité avec les soldats et leur famille. Entre-temps, les effectifs militaires ont été réduits.
Selon la topographie de Johannes von Schröder, en 1854 Eckernförde comptait 3930 habitants, aujourd’hui ce sont 23185 habitants (31/03/2004).

Eckernförde et son économie

Autrefois, Eckernförde vivait du commerce des céréales, de la pêche, de sa grosse flotte de bateaux de pêche et des nombreuses fumeries de poisson situées dans la vieille ville. Dans les esprits et à travers de nombreux témoignages, tout cela est encore présent. Parfois avec une légère transfiguration romantique. Le commerce des produits de la mer est toujours d’actualité grâce aux quelques chalutiers et bateaux de pêche. Il existe aujourd’hui encore une ou deux fumeries de poisson, mais rien de comparable avec la « belle époque » passée.
Aujourd’hui, l’économie locale est constituée de PME-PMI d’activités diverses, installées dans la nouvelle zone d’activité à la périphérie de la ville. La ville d’Eckernförde participe activement à la promotion des entreprises et de l’économie. Le Technik- und Ökologiezentrum (TÖZ) (centre technique et écologique) aide les jeunes entreprises à pénétrer le marché.
L’armée, longtemps l’un des facteurs les plus importants de l’économie locale,

Bereich, ist durch erheblichen Truppenabbau als Wirtschaftskraft reduziert, bleibt aber in geringerem Umfang erhalten.
Tourismus, Einzelhandel, Gastronomie, freie Berufe und vielerlei Dienstleister sind weitere wirtschaftliche Eckpfeiler.

Eckernförde – die »UNO-Stadt«

Mit folgenden Städten unterhält Eckernförde Städtepartnerschaften: Macclesfield in England seit 1953. Hässleholm in Schweden seit 1958. Tanga in Tansania/Afrika seit 1963. Nakskov in Dänemark seit 1969. Brzeg in Polen seit 1989. Bützow in Mecklenburg-Vorpommern seit 1990. Mit dem russischen Baltijsk, früher Pillau, wurde zwar keine formelle Partnerschaft begründet, aber seit 1955 bestehen freundschaftliche Kontakte. Die Vereinten Nationen haben die Stadt Eckernförde für ihre internationalen Bemühungen ausgezeichnet. Am 14. Mai 1986 wurde dem Ostseebad der Titel »UNO-Stadt« verliehen.

sector, has been considerably reduced; thus its economic impact has faded and now plays only a minor role.
Tourism, retailing, gastronomy, freelance professions and a prolific and varied service sector are mainstays of the economy.

Eckernförde – the “UNO town”

Eckernförde is twinned with the following towns: Macclesfield in England, since 1953, Hässleholm in Sweden, 1958, Tanga in Tanzania, 1963, Nakskov in Denmark, 1969, Brzeg in Poland, 1989 and Bützow in Mecklenburg-Vorpommern, 1990. There is no official twinning with the Russian town of Baltijsk, formerly Pillau, but friendly exchanges have taken place since 1955. Eckernförde has been honoured by the United Nations for its international efforts and on 14 May 1986 the Baltic Sea resort was awarded the title of “UNO town”.

a aujourd’hui, suite à la réduction des effectifs, une influence moindre.
Le tourisme, le commerce de détail, la gastronomie, les professions libérales et de nombreux prestataires de service sont aujourd’hui les piliers de l’économie.

Eckernförde, « Ville de l’ONU »

Eckernförde est jumelée avec les villes suivantes: Macclesfield en Angleterre depuis 1953, Hässleholm en Suède depuis 1958, Tanga en Tansanie/Afrique depuis 1963, Nakskov au Danemark depuis 1969, Brzeg en Pologne depuis 1989, Bützow dans le Mecklembourg-Vorpommern depuis 1990. Aucune chartre de jumelage n’a été officiellement signée avec la ville russe Baltijsk, autrefois Pillau, mais depuis 1955 les deux villes entretiennent une grande amitié. Eckernförde fut distingué par les Nations-Unis pour ses efforts internationaux et reçut le 14 mai 1986 le titre de « ville de l’ONU ».

Gudewerdtstraße und Kattsund, Rosengang und Fischerstraße – diese und andere schmale Straßen und noch schmalere Gänge der Altstadt bilden ein eigenes, malerisches, romantisches Quartier. Mit dem Charme einer anderen, einer vergangenen Zeit. Und mit vielen liebevoll gepflegten Häusern und Häuschen. Wie jene in der Gudewerdtstraße Nr. 4 und Nr. 6 – mit fröhlichem Mut zur Farbe.

Gudewerdtstraße and Kattsund, Rosengang and Fischerstraße – these and other narrow streets and still narrower alleys in the Altstadt (old town) combine to create a picturesque and romantic quarter displaying the charm of a different and long gone era. There are many lovingly cared for houses and cottages, like those of Nos. 4 and 6 Gudewerdtstraße – courageously displaying lively colours.

Gudewerdtstrasse et Kattsund, Rosengang et Fischerstrasse ainsi que d'autres petites rues et d'autres passages étroits font de la vieille ville un quartier unique, pittoresque et romantique. C'est le charme d'une autre époque, avec de jolies petites maisons décorées avec amour. Comme les maisons très colorées n°4–5 Gudewerdtstrasse.

Utlucht-Häuschen, wie das eingeschossige kleine Doppelhaus Gudewerdtstraße Nr. 39 und Nr. 41, sind selten geworden. Utlucht ist ein schmaler Vorbau mit Fenstern nach vorn und zu beiden Seiten. So hat man den totalen Ausblick. Daher der Name: Utlucht gleich Ausblick.

The so-called "Utlucht-Häuschen", such as the little one-storey semi-detached houses at Nos. 39 and 41 Gudewerdtstraße, are a rarity. "Utlucht" is a small bay window with complete vision to the front and to the sides. This is where the name comes from: "Utlucht" means outlook.

Les petites maisons à « Utlucht », comme la petite maison double à un étage n° 39–41 Gudewerdtstrasse sont devenues rares. Utlucht est une partie avancée de la façade avec des fenêtres donnant sur le devant et sur les côtés, ce qui permet d'avoir une vue complète vers l'extérieur, appelée à l'anglaise, bow-window. Le nom « Utlucht » signifie d'ailleurs la vue.

Dem hohen weißen Haus im Rosengang sieht man seine Vergangenheit als Speicher deutlich an. Heute haben in dem wunderbar restaurierten Gebäude Architekten ihr berufliches Domizil.

The high white house in Rosengang cannot deny its former role as a storehouse. Today this beautifully restored building is the premises of a firm of architects.

La grande maison blanche dans le Rosengang était autrefois un entrepôt. Aujourd'hui le bâtiment a été merveilleusement rénové et des architectes y ont installés leurs bureaux.

Im Altstadtquartier sind die Straßen schmal. Und die verbindenden Gänge noch schmaler. Im frühen Morgenlicht romantisch verklärt.

Within the old town the streets are narrow and the linking alleyways even narrower. The early morning light creates a romantic atmosphere.

Dans le quartier de la vieille ville, les rues sont étroites, et certains passages entre les maisons sont encore plus étroits. Ici une rue éclairée par la douce lumière du matin.

An der Dachgaube des Häuschens Kattsund Nr. 25 ist noch immer ein »Spion« montiert. So nannte man zweiseitige Spiegel, mit denen das Geschehen auf der Straße nach beiden Seiten beobachtet werden kann – ohne sich aus dem Fenster zu lehnen.

There is still a "Spy" installed on the dormer window of the little house at No. 25 Kattsund. This is a two-sided mirror in which the happenings in the street below can be observed in both directions without having to lean out of the window.

On peut encore voir à la fenêtre du n°25 du Kattsund un « espion », c'est-à-dire un miroir à deux faces, grâce auquel on pouvait observer les deux côtés de la rue sans avoir à se pencher.

»Kontorhaus« steht im Giebeldreieck des 1737 im frühklassizistischen Stil errichteten Hauses Frau-Clara-Straße Nr. 15. Als Kontorhaus von Kaufleuten wurde das Gebäude mehr als zwei Jahrhunderte genutzt. Inzwischen ist hier längst ein Restaurant eingezogen. Wie ebenfalls im Giebeldreieck nachzulesen ist: »Schank- und Speisewirtschaft«.

"Kontorhaus" is written on the triangular gable of the house at No. 15 Frau-Clara-Straße which was built in 1737 in the early classical style. The building was used as a trading house by merchants for more than two centuries. Meanwhile a restaurant has long been established there as can also be read on the gable: "Schank- und Speisewirtschaft".

Sur le pignon de la maison de style néo-classique, n°15 Frau-Clara-Strasse, construite en 1737, on peut lire l'inscription « Kontorhaus ». Cette expression vieillie indique que l'activité de commerce y fut exercée et ce pendant plus de deux siècles. Entre-temps s'y est installé un restaurant comme l'indique également sur le pignon de la maison l'inscription « Schank- und Speisewirtschaft » (débit de boisson et restaurant).

Die hölzerne Klappbrücke trennt Binnenhafen von Außenhafen. Und verbindet – für Fußgänger und Radfahrer – Alt-Eckernförde mit dem Stadtteil Borby.

The wooden bascule bridge separates the river port from the sea port. For pedestrians and cyclists it links the old town of Eckernförde with the district of Borby.

Le pont basculant en bois sépare le port intérieur du port extérieur. Il relie pour les piétons et les vélos le vieux Eckernförde et le quartier de Borby.

Frühmorgens der Blick von der Brücke auf den Binnenhafen. Ein Hafenmotiv der stillen Art.

A view from the bridge onto the river port in the early morning. A peaceful harbour scene.

A l'aube, vue du pont sur le port intérieur.

Die »Siegfried-Werft« gehörte seit 1919 zu Eckernförde, zum Stadtbild. Einschneidende Strukturveränderungen in der Werftindustrie bedeuteten 1990 das Ende. Die Hallen verfielen. Und sind einige Jahre später doch wieder entstanden. Nicht als Werft, sondern als Hotel und Restaurant »Siegfried-Werft«. Am schönsten Platz des Hafens, an der Holzbrücke.

The "Siegfried-Werft" has been part of Eckernförde, a feature of the townscape, since 1919. Radical structural changes in the shipyard industry led to its closure in 1990 and the buildings fell into disrepair. A few years later, however, they were resurrected: not as a shipyard but as the "Siegfried-Werft" Hotel and Restaurant, located at the most beautiful spot in the harbour, by the wooden bridge.

Depuis 1919, le chantier naval « Siegfried Werft » est un symbole d'Eckernförde. Des modifications structurelles radicales dans l'industrie navale en 1990 signifièrent la fin. Les bâtiments tombèrent en ruine puis furent reconstruits quelques années plus tard, mais pas en tant que chantier naval mais en tant qu'hôtel-restaurant « Siegfried-Werft ». A la meilleure place du port, près du pont en bois.

Auch neben dem Restaurant »Siegfried-Werft« entstanden auf dem vormaligen Werftgelände zwei neue Hallen – im traditionellen Stil. Die Schilder über den Toren erklären die Nutzung: »Erster Eckernförder Fischerverein, gegründet 1833« (r.) und »De lütte Werft, Zappe« (l.).

Next to the "Siegfried-Werft" Restaurant on the former shipyard site two new buildings in the traditional style have been erected. The signage above the doors explains their usage: "First Fishing Association of Eckernförde, founded 1833" (r.) and "The Little Shipyard, Zappe" (l.).

A côté du restaurant, sur l'ancien terrain du chantier naval ont été construits deux nouveaux hangars, mais dans le style traditionnel. Les enseignes indiquent: « Premier Association de Pêcheurs de Eckernförde, fondée en 1833 » (à droite), « De lütte Werft, Zappe », expression vieillie signifiant petit chantier naval (à gauche).

Direkt am Hafen beginnt die weite Eckernförder Bucht, die freie Ostsee und – ein paar Seemeilen weiter – die »dänische Südsee«. Folglich ist Eckernförde als Heimathafen für Freizeit-Skipper gefragt. Wie die vollen Stege am Bootshafen beweisen.

Directly by the harbour the wide Bay of Eckernförde begins, opening out into the Baltic Sea and, a few nautical miles further out, into the "Danish South Sea". This is the reason why Eckernförde is a popular home port for sailing enthusiasts. The crowded landing stages in the marina testify to this.

C'est directement dans le port que s'ouvre la baie d'Eckernförde sur la Mer Baltique et à quelques miles de là, la côte sud du Danemark. C'est pour cela que Eckernförde est considéré comme étant la ville des skippers-amateurs, comme le montrent ici les nombreux voiliers amarrés aux pontons.

Der Leuchtturm auf der Mole am Außenhafen, wie ein maritimes Ausrufezeichen! Zur Sicherheit von Schifffahrt und Fischerei.

The lighthouse on the mole by the sea harbour – like a maritime exclamation mark! – for the safety of shipping and fishermen.

Le phare sur la jetée dans le port extérieur, tel un point d'exclamation sur l'eau! Pour la sécurité de la navigation et des pêcheurs.

Der mehrere Kilometer helle Sandstrand – ein Sommerparadies für Urlauber, Tagesgäste und Einheimische. Und eine erholsame Wanderstrecke mit stets freiem Ostseeblick zu allen Jahreszeiten.

The light-coloured sandy beach several kilometers long – a summer paradise for tourists, day-trippers and residents alike. It is a refreshing stretch for walking the whole year round with an undisturbed view out to the Baltic Sea.

La plage de sable clair sur plusieurs kilomètres. En été, un petit coin de paradis pour les touristes comme pour les habitants d'Eckernförde. Et un sentier de randonnée tranquille avec vue constante sur la Mer Baltique en toutes saisons.

Der »Vierklang« des Ostseebades Eckernförde: Sonne – Sommer – Strand – Ostsee. Was will man mehr?

The "Four Chords" of the Baltic Sea resort of Eckernförde: Sun – Summer – Beach – Baltic Sea. What more does one need?

Le leitmotiv de la station balnéaire d'Eckernförde: soleil, été, plage et Mer Baltique. Que veut-on de plus?

Eine Meerjungfrau, eine Wassernixe, gehört in ihr angestammtes Element, also in die Ostsee. In Eckernförde ist eine dieser Wesen an Land gegangen, hat es sich im Kurpark, mitten in einem Blumenbeet, gemütlich gemacht. Ein Blickfang! Gesehen im Sommer 2004.

A mermaid, a water-elf, should really be in its traditional element, in this case the waters of the Baltic Sea. In Eckernförde one of these creatures has come ashore and has settled down comfortably in the middle of a flower bed in the spa gardens. An eye-catcher! As seen in the summer of 2004.

Dans la Mer Baltique, les sirènes et les ondines sont dans leur propre élément. L'une d'elles s'est échouée à Eckernförde et s'est installée dans le parc thermal au milieu d'un parterre de fleurs où elle attire l'attention des passants. Photo prise pendant l'été 2004.

Das gehört für Kinder seit Generationen zum Eckernförder Sommer: Krebse käschern am Hafen.

For children this has been a feature of summer in Eckernförde for generations: net-fishing for crabs at the harbour.

Depuis des générations, les enfants de Eckernförde vont l'été à la pêche aux crabes dans le port.

Der Spaziergang auf der im dezenten Rotstein gepflasterten Strandpromenade ist ein erholsames Erlebnis. Frisches Grün und Blumen zur einen, die Ostsee zur anderen Seite. Darüber typischer Schleswig-Holstein-Himmel in Blau mit weißen Wolkenmustern.

A walk along the beach promenade with its discreetly toned-down red cobble stones is a refreshing experience. On one side green grass and flowers, on the other the Baltic Sea. And above, the typical Schleswig-Holstein sky: blue, patterned with white clouds.

Moment de détente sur la promenade de pavés rouges le long de la plage. D'un côté de beaux parterres de fleurs et de l'autre la Mer Baltique. Et au dessus un ciel bleu parsemé de nuages, typique du Schleswig-Holstein.

Direkt am Strand steht Meernixe Nr. 2. Auf einer Infotafel ist zu lesen: »Baujahr: 1997. Künstler: E. Kowalke. Stifterin: M. Selk.« Anfangs ob ihrer Gestalt nicht unumstritten, möchte inzwischen niemand diese Nixe mehr missen. Sie ist ein Fixpunkt am Strand. Und (fast) ein Eckernförder Wahrzeichen.

Mermaid No. 2 is right on the beach. The notice reads: "Built in 1997. Artist: E. Kowalke. Donator: M. Selk." Although its design was at first the subject of controversy, no-one these days wants to do away with this water-elf. It is a focal point on the beach and (almost) an emblem of Eckernförde.

Sur la plage se dresse la deuxième ondine de Eckernförde. Un panneau indique: « Réalisée en 1997 par l'artiste E. Kowalke; Don de M. Selk. ». Au début quelque peu contestée, aujourd'hui personne ne voudrait se passer de cette ondine. Elle est un point de repère sur la plage. Et elle est (presque) un emblème d'Eckernförde.

Die erste große Wettfahrt der »Kieler Woche« geht alljährlich nach Eckernförde: die »Aalregatta«. So genannt, weil der Skipper jedes Bootes zum Willkommen einen Aal erhält. Der Hafen ist dann »voll gepackt« mit Yachten. Die Sache hat Tradition. Schon Kaiser Wilhelm II. kam nach Eckernförde, präzise: nach Borby. Nur die Aal-Spende, die gab's damals noch nicht.

The first major competitive race of the "Kieler Woche", the "Aalregatta", is held off Eckernförde every year. It is so-called because the skipper of each boat is presented with an eel as a sign of welcome. The harbour is "packed" with yachts on this occasion. It is an old tradition. Kaiser Wilhelm II. came to Eckernförde, or to be precise, to Borby, but the eel donation ceremony did not exist at that time.

Chaque année, la première grande régate de la « Kieler Woche », la semaine de Kiel, se dirige vers Eckernförde. On l'appelle la Regatte des Anguilles parce que chaque skipper reçoit une anguille en cadeau de bienvenue. Le port est alors rempli de bateaux. C'est une tradition. L'Empereur Guillaume II venait déjà à Eckernförde, seule la distribution d'anguille n'existait pas à l'époque.

Auch Traditions-Großsegler, wie die Brigg »Roald Amundsen«, machen im Hafen fest. Wenn dann Arbeiten an der Takelage erforderlich sind, ergeben sich Fotomotive wie dieses: Mann im Mast.

Even big traditional sailing ships, such as the brig "Roald Amundsen", moor in the harbour. And when work on the rigging becomes necessary, photographs such as this turn out: Man on Mast.

Les vieux gréements ont également une longue tradition à Eckernförde. Comme en témoigne le Brick « Roald Amundsen » amarré dans le port. Quand les marins sont appelés à y travailler on obtient alors de belles photos comme celle-ci: Un homme sur le mât.

Beim Bummel entlang des Kais am Hafen ist der Spaziergänger in Tuchfühlung mit Schiffen und Booten. Und entdeckt jede Menge maritimer Details. Wie die Galionsfigur an der Segelyacht. Oder das Steuerrad eines Oldtimer-Seglers.

When strolling along the quay by the harbour one is in close contact with the ships and boats. One can discover all sorts of maritime details such as the galleon figure on this sailing ship or the steering wheel of an old-timer yacht.

En se baladant sur le quai, les promeneurs passent très près des bateaux de telle sorte qu'ils peuvent découvrir de nombreux détails maritimes, comme cette figure de proue ou ce gouvernail.

Das Schwimm- und Wellenbecken des Meerwasserwellenbades ist gefüllt mit 825.000 Liter Ostseewasser. Das wird über eine 150 Meter lange Leitung aus dem Meer entnommen, gefiltert und gereinigt. Und ständig neu gereinigt: 375.000 Liter pro Stunde. Hot-Whirl-Pool, Wasserpilz, Solarium, Kinderplanschbecken, Massagedüsen, Wellenbetrieb, die 75 Meter lange Wasserrutsche und ein »Nasscafé« garantieren rundum Badespaß – direkt am Strand.

The swimming pool and wave baths are filled with 825,000 litres of Baltic Sea water. It is taken from the sea via a 150 metre long pipeline, filtered and cleaned. And it is constantly re-cleaned at the rate of 375,000 litres per hour. The hot whirlpool, the water mushroom, a solarium, the children's paddling pool, massage jets, a wave simulator, the 75 metre long water slide and a "water café" guarantee all-round bathing fun right by the beach.

Les bassins de la piscine à vagues sont remplis de 825000 litres d'eau de la Mer Baltique. Cette eau est transportée de la mer jusqu'à la piscine par un tuyau de 150 mètres de long, puis elle est filtrée et purifiée. Elle est constamment nettoyée: 375000 litres par heure. La piscine d'Eckernförde propose un bassin bouillonnant d'eau chaude, un bassin à vagues, un solarium, des jets massants, un toboggan de 75 mètres de long – directement devant la plage.

Klein ist es und schlicht, aber sehr informativ: das Ostsee Informationszentrum (OIZ) an der Schiffbrücke 20. Im Fühlbecken mit Strandkrabben Kontakt aufnehmen, Seesternen über den Rücken fühlen, Seeskorpione bewundern – vor allem Kinder sind begeistert. Die Unterwasser-Welt der Ostsee wird im OIZ sichtbar, erlebbar.

The Ostsee Informationszentrum (OIZ) at No. 20 Schiffbrücke is small and modest and yet very informative. To touch beach crabs in the hands-on pool, to stroke the back of a starfish, to admire sea scorpions – all this is particularly appealing to children. The Information Centre makes it possible to see and experience the underwater world of the Baltic Sea.

Le OIZ, Centre d'Information de la Mer Baltique est petit et simple mais très instructif. Dans des bassins ouverts, petits et grands peuvent découvrir la vie sous-marine de la Mer Baltique, et même toucher des crevettes, des étoiles et des scorpions aquatiques.

Darauf legt man in Eckernförde Wert: Die weltbekannten »Kieler Sprotten« kamen und kommen aus Eckernförde. Wieso dann »Kieler« und nicht »Eckernförder Sprotten«? Bevor die Stadt an das Eisenbahnnetz angeschlossen wurde, brachte man die Sprottenkisten per Pferd und Wagen zum Versand nach Kiel. Auf dem dortigen Bahnhof erhielten die Kisten den Abfertigungsstempel »Kiel«. Dadurch prägte sich der Begriff »Kieler Sprotten« ein.

In Eckernförde great importance is attached to the world-renowned "Kieler Sprotten"; they came and still come from Eckernförde. Then why "Kieler" and not "Eckernförder" sprats? Before the town was integrated into the railway network the boxes of sprats were taken to Kiel by horse and cart to be transported onwards from there. At the station in Kiel the boxes were stamped with a clearance label that read „Kiel". Thus the name „Kieler Sprotten" was coined and has remained.

Les habitants de Eckernförde attachent une grande importance au fait que les célèbres « Kieler Sprotten », sparts fumés, venaient et viennent aujourd'hui encore d'Eckernförde. Pourquoi parle-t-on alors des sprats de Kiel et non d'Eckernförde? Avant que la ville soit reliée au réseau ferré, les caisses de sprats étaient transportés à cheval ou en voiture à Kiel pour expédition. A la gare, les caisses étaient marquées d'un tampon « Kiel ». Cette dénomination est restée depuis dans les usages.

Die Fischer auf ihren Kuttern und Booten verkaufen Butt und Dorsch fangfrisch von Bord. Ein buntes, maritimes Bild, eine touristische Attraktion.

The fishermen sell freshly caught flounder and cod from aboard their cutters and boats: a colourful maritime picture and a tourist attraction.

Les pêcheurs vendent à bord de leurs chalutiers et de leurs bateaux des turbots et des petites morues fraichement pêchés. Image colorée et maritime. Une attraction pour les touristes.

Altstadtfreunde wollten die beiden original-historischen Fischräucherei-Schornsteine retten. Es sollte nicht sein. Der Abbruchbagger kam, schaffte Platz für Eigentumswohnungen. Schade. Auf dem Bild die beiden Schornsteine. Zur Erinnerung.

Friends of the old town wanted to preserve these two original smoke house chimneys. It was not to be: a demolition vehicle came and made room for owner-occupied flats. What a pity! The two chimneys are pictured here – as a memento.

Un comité de soutien de la vieille ville voulait empêcher la destruction des deux cheminées historiques de la fumerie de poisson. Les engins de destruction ont tout rasé pour permettre la construction d'une nouvelle zone d'habitation. Dommage. Sur cette photo, les deux cheminées. En souvenir.

Kieler Straße, Rathausplatz, St. Nicolai-Straße gehören den Fußgängern. »Shopping-Meilen« mit viel Flair. Nicht nur zum Einkaufen, auch zum Bummeln.

Kieler Straße, Rathausplatz, St.-Nicolai-Straße belong to the pedestrians. “Shopping miles” with a lot of flair. Though not just for shopping, but also for strolling.

La Kieler Straße, la place de l’hôtel de ville, la St-Nicolai-Straße sont piétonnes. « Des kilomètres de shopping » avec beaucoup de charme, non seulement pour faire des achats mais aussi pour se balader.

Die Giebelfront des Hauses von Café Heldt, St.-Nicolai-Straße Nr. 1, beeindruckt durch ihre hohe Geschossfolge, durch das Balkenfachwerk mit Vorkragungen und Schriftbändern und erst recht durch die farbigen Halbkreisrosetten. Original Alt-Eckernförde ist das nicht. Eher erinnert die Gestaltung an Weser-Renaissance. Sie stammt aus dem Jahre 1925. Der Kern des Hauses aber ist richtig alt, wird nach Funden auf die Zeit um 1680 datiert.

The front gable of Café Heldt, No. 1 St.-Nicolai-Straße, impresses with its height and many floors, its timbered structure, its projections and wall writing and particularly so with its colourful semi-circular rosettes. This is not the original old Eckernförde. It reminds one rather of the so-called Weser Renaissance design. It dates from 1925 though the core of the house is much older and, according to records, goes back to about 1680.

La maison à colombage de plusieurs étages du Café Heldt, n°1 St.-Nicolai-Straße, impressionne les passants avec ses gravures et ses demi-rosaces colorées. Cette architecture rappelle la Renaissance de la Weser. Elle date de 1925. Mais la maison est en réalité beaucoup plus ancienne, en effet ses fondations datent de 1680.

Die St.-Nicolai-Straße verläuft in leichter Krümmung. Was dieser Fußgängerstraße mit dem Bautenmix aus Jahrhunderten einen ganz eigenen Zauber verleiht.

St.-Nicolai-Straße is slightly curved. It gives a special charm to this pedestrianised street with its mixture of buildings from several centuries.

La St.-Nicolai-Straße forme un coude. Dans cette rue piétonne se trouvent côte à côte des maisons de différentes époques. Un mélange surprenant.

Mittwochs und sonnabends ist Wochenmarkt auf dem Rathausplatz. Mit einem bunten Warenangebot. Lebhaft und zugleich gemütlich, friedlich-fröhlich geht es zu. Ganz direkt, von Verkäufer zu Kunde und umgekehrt. So richtig nett von Mensch zu Mensch. Typische Marktatmosphäre eben.

On Wednesdays and Saturdays there is a market in the town hall square with a colourful display of wares. It is lively and at the same time cosy, peaceful and cheerful. There is an intimacy between seller and customer, a pleasant rapport between one person and another: a typical market atmosphere.

Les mercredis et samedis se tient le marché sur la place de l'hôtel de ville. Les étalages de toutes les couleurs, les rapports amicaux entre les marchands et les clients créent une atmosphère paisible et joyeuse.

Kieler Straße Nr. 98–100, ein Gebäude mit wechselvoller Geschichte: Um 1760 Arbeiterwohnungen, in der Folge Arbeitsstätte des Grafen von St. Germain, Pflegehaus für Invaliden und Waisen, preußische Kaserne. Heute Wohnhaus.

Nos. 98–100 Kieler Straße, a building with a chequered history: around 1760 it housed workers, it then became a workshop for the Counts of St. Germain, followed by use as a nursing home for invalids and orphans and then as a Prussian barracks. Today it is a private residence.

Le n°98–100 de la Kieler Straße est un bâtiment à l'histoire mouvementée. Vers 1760 y habitaient des ouvriers, puis ce fut le lieux de travail du Comte de St Germain, une maison de soin pour invalides et orphelins, une caserne prussienne. Aujourd'hui, c'est une maison d'habitation.

Der Kurpark ist typisch Eckernförde: nicht besonders groß in der Fläche, aber doch großzügig in der Gestaltung. Mit breiten, sich zur angrenzenden Uferpromenade öffnenden Wegen, mit bunter Blumenblütenpracht. Mit zur Stadtseite begrenzenden, abschirmenden Bäumen und Büschen. Mit freien Grünflächen und lauschigen Plätzen. Das Ganze geschmückt mit Skulpturen der fröhlichen Art.

The spa park is typical for Eckernförde: not particularly big in area and yet spacious in its layout. Wide tracks lead to the shore promenade and colourful flowers bloom in abundance. Trees and bushes screen off the bordering town and open green areas are interspersed with secluded nooks. Cheerful sculptures abound.

Le parc thermal est typique pour Eckernförde: il n'est pas très grand mais merveilleusement aménagé, avec de grandes allées bordées de fleurs allant jusqu'au bord de la mer, de belles pelouses et des recoins un peu plus intimes. Le parc est séparé de la ville par des arbres et des haies. Ici et là se dressent quelques sculptures qui complètent le décor.

»Ritterburg« steht in großen Lettern am Giebel des Hauses Kieler Straße Nr. 48. Ein Ritter Rantzau soll es auch gewesen sein, der Ende des 16. Jahrhunderts den schönen Renaissancegiebel auf das schon damals (vermutlich) wesentlich ältere Haus aufsetzen ließ. Die Bezeichnung »Ritterburg« bezieht sich aber weniger auf den weiland Ritter Rantzau als auf eine Familie mit dem Namen Ritter, die hier im 19. Jahrhundert eine Gastwirtschaft betrieb.

"Ritterburg" (knight's castle) is displayed in big letters on the gable of the house at No. 48 Kieler Straße. A knight by the name of Rantzau is supposed to have added the beautiful Renaissance gable at the end of the 16th century to the then (presumably) much older house. The term "Ritterburg" however is not intended to recall the erstwhile Knight Rantzau, but rather a family named Ritter who ran a public house and restaurant here in the 19th century.

Sur le pignon de la maison n°48 Kieler Straße, on peut lire l'inscription suivante: « Ritterburg ». A la fin du XVIème siècle, le chevalier Rantzau l'avait faite inscrire sur le magnifique pignon de cette maison certainement plus ancienne encore. Mais l'inscription « Ritterburg » se réfère plutôt à la famille portant le nom de « Ritter » qui au XIXème siècle possédait ici une auberge.

Im Sommer ist das Ambiente zwischen Schiffbrücke und Preußerstraße »leicht und locker«, geradezu mediterran. Nicht zuletzt dank der unzähligen Außenplätze vor Cafés und Restaurants, vor Kneipen und Bistros. Man lässt sich's gut sein, ohne Hast und Hektik.

In summer, the ambience between Schiffbrücke and Preußerstraße is "easy and relaxed", almost Mediterranean. This is due largely to the numerous tables outside cafés and restaurants and in front of pubs and bistros. People enjoy themselves in a leisurely fashion.

En été, le quartier du pont et de la Preußerstraße rappelle les bords de la Méditerrannée avec ses nombreux cafés et restaurants qui installent leurs terrasses sur la rue. Ici, on se détend et on prend son temps.

Badeleben, Eckernförder Fayencen, Stadtgeschichte, Arbeitswelt, Kunst des 20. Jahrhunderts, Fischerei, Sturmflut, das sind nur einige der Themenbereiche im Museum Eckernförde. In dieser stadt- und kulturgeschichtlichen Sammlung im alten Rathaus lässt sich nachvollziehen, wie man »damals« lebte, arbeitete. Und was alles geschah im Laufe der Jahrhunderte.

Life in a spa, Eckernförde pottery, local and cultural history, working life, art of the 20th century, fishing, storm tide – these are but a few of the themes dealt with in the Eckernförde Museum. The exhibition in the old town hall outlines the history of the town showing how people lived and worked "in times past" and the changes that have taken place over the centuries.

La vie de bord de mer, les fayences d'Eckernförde, l'histoire de la ville, le monde du travail, l'art contemporain, la pêche, le raz de marée comptent parmi les thèmes abordés dans le musée de la ville. Les collections conservées dans l'ancien hôtel de ville donne un aperçu de la vie quotidienne et du travail d'autrefois ainsi que de l'histoire de la ville au cours des siècles.

Kulturhistorisch besonders bedeutsam sind diese Türen und Tore wohl nicht. Aber viele sind doch ganz einfach schön, kleine architektonische Kostbarkeiten. Zu entdecken bei einem Spaziergang durch Straßen im Zentrum.

Such doors and entrance ways as these are not of particularly great cultural or historical significance, but many of them are simply beautiful architectural gems. They can be discovered on a walk through the streets in the town centre.

Ces portes et porches n'ont pas de signification particulière d'un point de vue historique. Mais beaucoup sont remarquables pour leur esthétisme et leur architecture.

Es sind auch die »kleinen Dinge«, die den Charme Eckernfördes ausmachen. Wie im Sauersgang auf weißgeschlämmter Backsteinwand des alten Hauses der schwarze Maueranker und die schmiedeeiserne Jahreszahl 1743. Daneben die historische Wappentafel ist ein »Überbleibsel« aus jener Zeit, in der Adelige aus den Gütern der Umgebung auch in Eckernförde ihre Häuser hatten, als Zweitwohnung, sozusagen.

It is also the "small things" that make up for the charm of Eckernförde. In the Sauersgang, for example, you may find the wrought iron date of 1743 and a black wall anchor on a white washed brick wall of an old house. The historic heraldic figure next to it is a "survival" that dates from the time, when aristocrats from the surrounding estates used to own houses in Eckernförde, too, namely as a second domicile.

Ce sont aussi de « petites choses » qui font le charme d'Eckernförde. Dans le Sauersgang, par exemple, il y a sur le mur en brique blanche d'une vieille maison une ancre noire et la date 1743 inscrite en fer forgé. Les armoiries gravées à côté font partie des « vestiges » de l'époque où les aristocrates des domains alentours possédaient aussi une maison secondaire au village.

Nicht nur im Kurpark, auch auf Verkehrsinseln und Straßenrabatten blüht es vom zeitigen Frühjahr bis in den Herbst blütenbunt. Eckernförde – die Stadt der Blumen. Kompliment den Stadtgärtnern.

Not only in the spa gardens but also on traffic islands and bordering the streets, colourful displays of blossoms and blooms are to be found from early spring to autumn. Eckernförde is the town of flowers – a compliment to the city gardeners.

Du printemps à l'automne, Eckernförde est en fleur. Pas seulement dans le parc mais aussi dans les rues, Eckernförde est la ville des fleurs. Compliments aux jardiniers.

Das Technik- und Ökologiezentrum (TÖZ) in der Marienthaler Straße ist ein Gründerzentrum. Es hilft Existenzgründern beim Eintritt in den Markt, stellt zum Einstieg Büro-, Werkstatt- und Hallenflächen zur Verfügung, bietet ein umfassendes Dienstleistungsangebot, ermöglicht niedrige Fixkosten. Das alles in lichtdurchfluteten Gebäuden.

The Technik- und Ökologiezentrum (TÖZ) (Technology and Ecology Centre) in Marienthaler Straße is a centre for business entrepreneurs. It facilitates entry into the market place for those attempting to set up new businesses. It provides office, workshop and storage space, as well as services, and enables overheads to be reduced to a minimum – all in bright buildings flooded in light.

Le Technik- und Ökologiezentrum (TÖZ), centre technique et écologique est une sorte de pépinière d'entreprise. Le TÖZ aide les créateurs d'entreprise à pénétrer le marché en mettant à leur disposition des bureaux, des ateliers et des entrepôts, et en leur offrant de nombreux services ce qui réduit nettement les coûts fixes. Le tout se trouve dans des bâtiments en verre.

405 Hektar groß ist das Windebyer Noor, eine ehemalige Ostseebucht, vor langer Zeit vom offenen Meer abgetrennt. »Ein ganz geringer Salzgehalt ist im Wasser noch vorhanden«, sagt Noorfischer Mahrt.

The Windebyer Noor covers an area of 405 hectares. It was formerly a bay in the Baltic Sea but was separated from the sea a long time ago. "A very small content of salt is still present in the water", says Noor fisherman Mahrt.

Avec 405 hectares, le Windebyer Noor est une ancienne baie de la Mer Baltique, séparée depuis longtemps de la mer. « L'eau a encore une très faible teneur en sel, » souligne un pêcheur du Noor, Mahrt.

Drei Kilometer lang ist der Naturlehrpfad am Windebyer Noor. Ein ebenso interessanter wie schöner Wanderweg.

The nature trail along the Windebyer Noor is 3 kilometres long. It is informative and at the same time a lovely walking track.

Un sentier botanique suit sur trois kilomètres les bords du Windebyer Noor. Ce magnifique sentier de randonnée permet de s'instruire tout en se baladant.

Nicht nur in der Ostsee, auch im Windebyer Noor werden Fische gefangen. Seit fast 50 Jahren von der Familie Mahrt, den Noorfischern. Aale, Karpfen, Zander, Barsche, Brassen und Plötze gehen hauptsächlich ins Netz. Und können beim Noorfischer stets fangfrisch gekauft werden.

Not only in the Baltic Sea but also in the Windebyer Noor fish are being caught. For the past fifty years eel, carp, pike, bass, bream and perch have been netted by the Mahrt family of Noor fishermen. They can be purchased freshly caught from the fisherman's boat.

À Eckernförde on pêche dans la Mer Baltique mais également dans le Windebyer Noor. La famille Mahrt y pêche depuis bientôt 50 ans, on les appelle les pêcheurs du Noor. Dans les filets, on trouve surtout des anguilles, mais aussi des carpes, des sandres et des perches. On peut acheter ces poissons fraîchement pêchés auprès des pêcheurs du Noor.

Den wunderbaren, 1620 aus Bronze gegossenen Löwenkopf-Türzieher an der Tür der St.-Nicolai-Kirche braucht der Besucher nicht zu betätigen. Das Gotteshaus ist geöffnet. Zum stillen, persönlichen Gebet, zum Innehalten für einen Augenblick der Besinnung, zur Besichtigung. Öffnungszeiten: Montag bis Donnerstag von 10.00 bis 16.00 Uhr, am Sonnabend von 10.00 bis 12.00 Uhr. Sonntags ist Gottesdienst. Nur freitags ist geschlossen.

Visitors do not have to strike the beautiful lion head brass knocker on the door of St. Nicolai church, cast in 1620. The place of worship is open to the public for silent personal prayer, to pause for a minute's contemplation or just to look around. Opening times: Monday to Thursday from 10 a.m. to 4 p.m., Saturdays from 10 a.m. to 12 noon. Mass on Sundays. Closed only on Fridays.

La tête de lion en bronze datant de 1620 sur la porte de l'Eglise St.-Nicolai mérite qu'on y jette un coup d'œil avant de pénétrer dans l'église. Elle est ouverte à ceux qui veulent prier, se recueillir ou tout simplement visiter. Horaires d'ouverture: du lundi au jeudi de 10h à 16h, le vendredi l'église est fermée, le samedi de 10h à 12h, le dimanche il y a une messe.

St. Nicolai. Anfang des 16. Jahrhunderts wurde das ursprünglich einschiffige Gotteshaus zu einer dreischiffigen Hallenkirche erweitert. Säulen und Bögen aus rotem Ziegelmauerwerk bestimmen den Raumeindruck. Die restaurierten Fresken des Chorgewölbes sind auf das Jahr 1578 datiert. St. Nicolai gilt als eine der schönsten Kirchen in Schleswig-Holstein.

St. Nicolai. At the beginning of the 16th century the single-aisle church was extended to a hall church with a nave and two side aisles. Columns and arches of red brick dominate the overall impression. The restored frescoes in the choir vault date from 1578. St. Nicolai is deemed to be one of the most beautiful churches in Schleswig-Holstein.

L'Eglise St.-Nicolai fut transformée et agrandie au début du XVIème siècle, à l'origine l'église ne possèdait qu'une seule nef aujour'hui elle possède trois. Les colonnes et les arcades en briquettes rouges créent une atmosphère particulière. Les fresques rénovées de la voûte du chœur datent de 1578. L'Eglise St.-Nicolai compte parmi l'une des plus belles églises du Schleswig-Holstein.

Die reiche, kulturhistorisch überaus bedeutende Ausstattung der St.-Nicolai-Kirche beeindruckt jeden Besucher. Beispiele: Das geschnitzte Männer- und Frauengestühl der Adelsfamilie Rantzau von 1578. Zahlreiche Holz- und Steinepitaphien. Die 1762 von der bekannten Eckernförder Unternehmerfamilie Otte gestiftete Orgel. Und (Bild) in der Mitte des Kirchenraumes der Taufkessel, ein Bronzeguss aus dem Jahre 1588.

The rich and culturally and historically significant interior décor of St. Nicolai leaves a strong impression on every visitor. For example: the carved stalls for men and women of the aristocratic Rantzau family dating back to 1578; the numerous epitaphs in wood and stone; the organ, donated by the well-known Eckernförde business family Otte in 1762; and (photo) the font in the centre of the church, made of bronze and cast in 1588.

La richesse des décorations de l'Eglise St.-Nicolai est significative d'un point de vue historique et culturelle, elle impressionne chaque visiteur. Par exemple: la chaise sculptée de la famille noble Rantzau qui date de 1578. L'orgue dont la famille d'entrepreneurs Otte fit don en 1762. Les fonds baptismaux au milieu de l'église entièrement en bronze datent de 1588.

Die wohl am meisten bewunderten Ausstattungsstücke der St.-Nicolai-Kirche sind die Kanzel und der Altaraufsatz. Es sind hervorragende Schnitzarbeiten aus hartem Eichenholz, gefertigt von den berühmtesten Eckernförder Holzschnitzern, Vater und Sohn Hans Gudewerdt. Die Kanzel (im Original erhalten sind die geschnitzten Teile) hat 1605 Hans Gudewerdt der Ältere im Renaissancestil geschaffen. Der Altaraufsatz ist eine Arbeit von Hans Gudewerdt dem Jüngeren. Seit 1640 hat der Altaraufsatz hier seinen Platz.

The most admired items of St. Nicolai church are the pulpit and the altarpiece. They are outstanding works carved out of hard oak wood by Eckernförde's most famous wood carvers, Hans Gudewerdt father and son. The pulpit (the carved parts of which are the original) was created in the Renaissance style by Hans Gudewerdt the Elder in 1605. The altar piece is by Hans Gudewerdt the Younger and has had been in place here since 1640.

La pièce la plus impressionnante de l'Eglise St.-Nicolai est certainement la chaire avec le retable. Un remarquable travail de scuplture dans du chêne, réalisé par les fameux sculpteurs d'Eckernförde Hans Gudewerdt, père et fils. La chaire fut sculptée par Hans Gudewerdt le père dans le style de la Renaissance en 1605 (les parties sculptées sont originales). Le retable fut sculpté par Hans Gudewerdt le fils. Depuis 1640, il est toujours resté à cette même place.

Der Blick von der Südseite des Hafens hinüber nach Borby – das ist Eckernförde vom Feinsten.

A view from the south of the harbour across to Borby – this is Eckernförde at its best.

Vue du côté sud du port vers Borby. La meilleure vue d'Eckernförde.

1831 begann in Borby, damals noch eigenständige Gemeinde, der Badebetrieb. In einer Badeanstalt. Die Bottiche wurden mit geschöpftem Ostseewasser gefüllt. Bald darauf ließen die privaten Betreiber ein Herren- und ein Damenbadefloß (sittsam getrennt) errichten, zum Bad in der Ostsee. Einige Häuser an der Uferstraße Vogelsang mit den einst typischen vorgebauten Veranden haben noch diesen Charme eines Ostseebades von damals.

In 1831 spa activities began in Borby, which at that time was still an independent community. It all started in the swimming baths, where tubs were filled with water scooped from the Baltic Sea. Soon after, the private owners built one bathing raft for men and one (demurely separated) for women for bathing in the Baltic Sea. Some houses along the shore on Vogelsang, with the then typical front verandas, still retain the charm of this one-time Baltic Sea spa.

C'est en 1831 que commença dans une piscine de Borby, autrefois ville indépendante, l'activité thermale. Les cuves étaient remplies d'eau de mer. Peu après des bains séparés furent aménagés pour que les hommes d'un côté et les femmes de l'autre puissent aller se baigner dans la Mer Baltique. Au bord de la mer, certaines maisons à jardins d'hiver de la rue Vogelsang ont gardées le charme de l'époque.

Muscheln, Seesterne und Fische sind eine ganz besondere Zierde der Borbyer Uferpromenade – als filigran aus hartem Gestein kunstvoll gearbeitete Skulpturen.

Shells, starfish and fish are very special adornments of the Borby shore promenade – elaborate sculptures carved in hard rock, like pieces of filigree.

Des coquillages, des étoiles de mer et des poissons ornent les bords de la promenade de Borby – de fines sculptures dans la pierre massive.

Zwischen Uferstraße unten und Kirchenplatz oben kuscheln sich noch einige Häuschen aus Alt-Borby an und in den Hang. Bilder mit Romantik-Touch.

Between Uferstraße below and Kirchenplatz above a few small houses surviving from the old Borby nestle along the slope. Pictures with a romantic touch.

Entre les rues de bord de mer et en haut la place de l'église, les petites maisons du vieux Borby se blottissent les unes contre les autres. Une image pleine de romantisme.

Der hohe, schlanke Turm der Borbyer Kirche überragt alles, ist weithin sichtbar über die Eckernförder Bucht. Er wurde 1893/94 dem Kirchenschiff angefügt. Im Kern stammt die spätromanische Kirche aus der Zeit um 1200.

The high slender tower of the church in Borby juts out above its surroundings and can be seen from afar across Eckernförder Bucht. It was added to the nave of the church in 1893/94. The original late Romanesque church dates back to around 1200.

Le haut clocher de l'église de Borby domine la baie de Eckernförde. Il fut ajouté en 1893/94 à la nef de l'église construite au début du XIIIème siècle.

Gleich hinter Borby lädt die abwechslungsreiche Landschaft der Halbinsel Schwansen ein zu Entdeckungstouren. Zum Beispiel zum Besuch der Gutsanlagen von Hemmelmark (gehörte einst dem Kaiserbruder Prinz Heinrich), von Ludwigsburg und auch Damp. Bild: Torhaus Gut Damp.

Immediately behind Borby the varied landscape of the Schwansen peninsula invites exploration. For example, visits to the estates of Hemmelmark (at one time in the possession of the emperor's brother Prince Heinrich), of Ludwigsburg and of Damp. Photo: gate house of the Damp Estate.

Juste derrière Borby, les paysages variés de la presqu'île de Schwansen sont une invitation à la découverte. Par exemple: le domaine de Hemmelmark (qui appartenait autrefois au frère de l'Empereur, le Prince Henri), et celui de Ludwigsburg ou encore le ville de Damp. Sur cette photo: le porche du domaine de Damp.